전광훈 목사 성경공부 시리즈 04

성경의 원리를 알자

교사용

차례

인사말

하나님이 천지를 창조하시고 예수 그리스도가 재림하기 전까지 하나님의 영원한 소원은 인간이 성경을 제대로 아는 것입니다. 우리는 흔히 명문 대학 진학, 대기업 취직, 자녀 결혼, 사업 성공 등을 놓고 하나님에게 기도로 구합니다. 하지만 하나님으로부터 오는 응답은 딱 한 가지입니다. '네가 그것을 원하느냐? 그렇다면 성경을 알라.'라는 것입니다. 하나님은 성경을 모르는 사람은 상대하시지 않습니다. 하나님은 성경을 모르는 사람과는 함께 일하실 수도, 축복해 주실 수도 없습니다. 아무리 많은 일을 맡고 많은 축복을 받아도, 성경을 모르는 사람에게는 그 모든 것이 저주가 되기 때문입니다. 반면에, 하나님은 무슨 일을 하는 어느 사람이든 성경을 아는 사람이라면 그를 가만두지 않으시고 당대 모든 분야에서 최고의 자리에 올려 놓으십니다. 하나님은 성경이 열린 사람에게 기도의 응답을 주시고, 성경이 열린 사람을 밀어주십니다. 인류 역사에 기여한 사람들은 성경의 옷자락이라도 잡은 사람들이었습니다. 정치의 조지 워싱턴과 아브라함 링컨, 경제의 록펠러, 군사의 더글러스 맥아더, 그리고 대한민국의 이승만 건국 대통령까지, 하나님은 성경의 옷자락이라도 잡은 사람은 그 시대에 가만두지 않으십니다. 성경에 대해 조금이라도 알면, 하나님은 그 사람을 등불 위에 세우십니다. 그렇다면 성경이 열리기 위해서는 성경의 원리가 무엇인지 바로 알아야 합니다.

전광훈 목사 드림

본 성경공부 교재는 전광훈 목사님의 설교집 <성경의 원리를 알자>를 선행학습 한 이후에 진행하도록 합니다.

▶ 교사에게 To the Teacher

주제	• 매 단원은 학습자 속에 이루고자 하는 주제가 존재합니다. 이 주제 위에 서서 성경공부를 진행하도록 합니다. • 교사는 학습자끼리 나누어지는 이야기들이 단원의 주제로부터 크게 벗어나지 않도록 합니다.
진행 사항	• 교사는 학습자와 만나기 전에 미리 교재를 예습하고 준비합니다. • 교사는 각 단원의 내용을 준비할 때, 복습질문과 나눔질문에 스스로 답해 보면서 교재를 연구하도록 합니다. 이렇게 함으로써 교사는 학습자에게 생길 수 있는 질문들을 예상하고 이 질문들로 대화를 활발하게 이끌어갈 수 있습니다. • 교사는 학습자에게 답안을 주는 설교자가 아니라, 학습자가 본문에 대해 충분히 생각하고 자신의 이야기를 나눌 수 있도록 돕는 인도자입니다. • 교사는 소극적인 학습자에게는 강요하지 않으며, 칭찬과 격려를 통해 자신의 이야기를 할 수 있도록 유도하고, 스스로 이야기를 나눌 때까지 기다려 줍니다. • 교사는 학습자로부터 예기치 못한 질문을 받았을 때는 긴장하지 않고 솔직하게 말하는 것이 좋습니다. (예를 들어, "제가 다음 주에 답을 정확하게 찾아서 알려 드릴게요.")

진행 방식	• 성경공부는 1시간에서 1시간 반 이내로 진행합니다. (매 시간마다 한 단원을 끝낼 필요는 없습니다. 때로는 한 단원을 2~3번에 걸쳐서 끝내야 될 때도 있습니다. 교사는 학습자에게 맞춰서 자유롭게 진행해 주세요.) • 시작하기 전에 찬송과 기도로 학습자의 마음 문을 열도록 합니다. • 인원은 최대 8명 이내로 하는 것이 좋습니다.
교재 구성	1. **설교본문:** 본문은 전광훈 목사님의 설교를 교재에 맞게 재 편성한 것입니다. 본문은 학습자가 다 같이 읽든지 혹은 한 명씩 돌아가면서 읽든지, 교사가 자유롭게 배정하도록 합니다. 2. **복습질문:** 복습질문은 본문의 내용을 학습자가 이해했는지 확인하는 시간입니다. 복습질문은 학습자가 각자 풀든지 혹은 짝을 지어서 풀든지, 교사가 자유롭게 배정하도록 합니다. 교사는 학습자가 본문의 내용을 숙지하고 있는지 확인하도록 합니다. 3. **나눔질문:** 나눔질문은 배운 내용을 가지고 삶에 적용하고 결단하는 시간입니다. 이때 교사는 학습자가 서로의 생각을 자유롭게 나누고 들을 수 있게 진행하도록 합니다.

서론

하나님이 쓰시는 사람

찬송하기 279장 인애하신 구세주여

기도하기 주님, 하나님이 쓰시는 사람이 되게 하옵소서 (주여 삼창 부르짖고 통성으로 기도합니다)

성경읽기 요한복음 1:1

하나님은 성경을 모르는 사람은 상대하시지 않습니다. 하나님은 성경을 모르는 사람과는 함께 일하실 수도, 축복해 주실 수도 없습니다. 아무리 많은 일을 맡고 많은 축복을 받아도, 성경을 모르는 사람에게는 그 모든 것이 저주가 되기 때문입니다. 반면에 하나님은 무슨 일을 하는 어느 사람이든, 성경을 아는 사람이라면 그를 가만두지 않으시고 당대 모든 분야에서 최고의 자리에 올려 놓으십니다. 하나님은 성경이 열린 사람에게 기도의 응답을 주시고, 성경이 열린 사람을 밀어주십니다. (교사는 설교집 11쪽, '하나님이 쓰시는 사람'을 참고해 주세요.)

성경의 사람들

1. 예술

첫째, 예술 영역에서 정점을 찍은 사람들이 있습니다. 로마의 시스티나 성당의 천장화를 그린 미켈란젤로의 천지창조를 가리켜 사람들은 신의 작품이라고 말합니다. 또 음악의 대가인 바흐, 모차르트 그리고 베토벤이 뿜어낸 모든 악상과 리듬들은 전 세계의 음악 역사에 한 획을 그었습니다. 이들은 모두 성경과 관계를 맺은 사람들이었고, 그들이 표현한 모든 예술은 성경을 통해 흘러나온 것입니다.

2. 과학

둘째, 과학 영역에서 정점을 찍은 사람들이 있습니다. 만유인력을 발명한 뉴턴과 전기를 발명한 에디슨은 모두 어릴 때부터 부모님께 성경을 배운 인물들입니다. 그들이 깨달은 것은 공부를 하면 할수록 자신의 부족함을 깨닫고 하나님을 알게 된다는 것입니다. 어느 시대든 성경은 성경과 연관 있는 사람에게 지혜와 지식을 제공합니다.

3. 문학

셋째, 문학 영역에서 정점을 찍은 사람들이 있습니다. 문학은 크게 두 부류로 나뉩니다. 하나는 러시아의 문학, 다른 하나는 서양의 문학입니다. 러시아와 전 세계의 문학에 획을 그은 톨스토이는 어떤 사람이었나요? 성경 없는 톨스토이를 생각할 수 없을 정도로, 그의 문학에는 성경이 흐릅니다. 서양의 문학에 획을 그은 셰익스피어와 C.S. 루이스 역시 성경이 열린 자들이었습니다.

4. 정치

넷째, 정치 영역에 정점을 찍은 사람들이 있습니다. 조지 워싱턴을 비롯한 미국의 역대 대통령들이 있습니다. 대표적으로, 민주주의를 만든 아브라함 링컨이 유명하게 남긴 말이 무엇인가요? "By the people, of the people, for the people(국민의, 국민에 의한, 국민을 위한)"입니다. 이것이 어디에서 나왔을까요? 신약 골로새서 1장 16~17절의 "By Christ, of Christ, for Christ(그리스도의, 그리스도에 의한, 그리스도를 위한)"에서 나온 것입니다. 늘 성경을 가까이 했던 링컨은 "Christ(그리스도)"를 "People(국민)"로 바꿔서 선포했고, 이 문구가 오늘의 링컨을 있게 해 준 것입니다.

한국 정치의 대가인 이승만 대통령은 대한민국의 존재의 근원입니다. 그는 1900년 초 조지워싱턴대학에서 학사를 받고, 하버드대학에서 석사를 받고, 프린스턴대학에서 박사학위를 받았습니다. 그리고 1948년 8월 15일 자유민주주의, 자유시장경제, 한미동맹, 기독교 입국론의 네 가지 기둥으로 대한민국을 건국한 사람입니다. 이승만 대통령 덕분에 대한민국은 김일성의 독재 정권이 아니라 자유민주주의 국가에 살 수 있게 되었습니다. 하지만 한국 사람들은 이승만 대통령에 대해 잘 모르고 있습니다. 이 나라를 만든 이승만 초대 대통령을 지지하는 사람이 1% 안팎입니다. 그만큼 전교조, 주사파, 종북 좌파에 의해 국민들이 세뇌 당했기 때문입니다. 건국한 대통령을 국민의 1%만 지지하는 나라는 대한민국밖에 없습니다.

이승만 대통령과 당대에 함께 일했던 세계적인 사람들은 이승만 대통령에 대해 무슨 말을 남겼을까요? 영국의 처칠 수상은 자신의 자서전에서 "국제사회에서 가장 다루기 어려운 사람이 이승만이다. 아시아가 낳은 불여우다."라고 평가했습니다. 그리고 미국에서 이승만 대통령을 상대했던 루스벨트 대통령, 아이젠하워 대통령, 트루먼 대통령 등 많은 지도자들은 이승만 대통령에 대해 "그는 정치가의 선을 넘었다. 그는 사회 운동가의 선을 넘었다. 그는 종교적 예언가의 수준에 도달했다."라고 평가했습니다. 이승만 대통령의 초월적 능력은 어디에서 왔을까요? 역시 성경입니다. 그는 한성감옥에서 영어로 된 성경을 다 읽을 뿐만 아니라 그곳에서 주님을 만났습니다. 그의 모든 능력은 성경에서 나온 것입니다.

5. 경제

다섯째, 경제 영역에서 정점을 찍은 사람들이 있습니다. 세계적인 자선사업을 이룬 록펠러는 성경의 삶을 살았습니다. 록펠러의 어머니가 죽기 전에 남긴 열 개의 유언을 보면 잘 알 수 있습니다. 또 가난한 이민자 강철왕 카네기는 공장 직공의 전신국 직원으로 30살이 되기 전에 통찰력으로 철강산업에 집중 투자했고, 결국 대박이 났습니다. 그의 통찰력과 담대함은 바로 성경으로부터 온 것입니다.

선포하기 여러분은 지금 하는 모든 일에 정점을 찍어보기를 원하시나요? 최고의 경지에 오르기를 원하시나요? 하나님은 성경이 열린 사람을 밀어주십니다. 다 같이 큰 목소리로 세 번 외쳐보겠습니다. "**성경을 알자!**"
(교사는 모든 성도들이 큰 목소리로 삼창을 할 수 있도록 지도해 주세요.)

세계 최고 부자 록펠러 어머니의 10가지 유언

1. 하나님을 친아버지 이상으로 섬겨라.

아버지가 생계를 위해 필요한 모든 것을 공급하지만 더 중요한 공급자는 바로 하나님이시다.

2. 목사님을 하나님 다음으로 섬겨라.

목사님과 좋은 관계 속에서 하나님의 말씀을 듣고 따르는 것이 복된 길이기 때문이다.

3. 주일예배는 본 교회에서 드려라.

하나님의 자녀로서 교회에 충성해야 하며 가능한 주일 예배 만큼은 본 교회에 참석하여 예배드리는 것이 중요하기 때문이다.

4. 오른쪽 주머니는 항상 십일조 주머니로 하라.

십일조는 하나님의 것이므로 먼저 구별한 후 나머지를 가지고 필요하면 사용해야 한다.

5. 아무도 원수로 만들지 말라.

다른 사람들과의 관계가 좋지 않으면 사람들이 거리를 두기 때문에 일마다 장애요소가 될 수 있기 때문이다.

6. 아침에 목표를 세우고 기도하라.

하루를 시작하기 전 오늘 해야 할 일을 하나님께 맡기며 하나님이 모든 일에 함께하여 주실 것을 온전히 믿는 기도가 필요하다.

7. 잠자리에 들기 전 하루를 반성하고 기도하라.

알게 모르게 계속적으로 짓는 죄를 가능한 빨리 회개하여 죄로 인한 어려움과 고통을 피할 수 있어야 한다.

8. 아침에는 꼭 하나님의 말씀을 읽어라.

하나님께서 말씀하시는 것을 들으려는 시간이 필요하다.

9. 남을 도울 수 있으면 힘껏 도우라.

그리고 도와준 일에 대해 절대로 나팔을 불면 안된다.

10. 예배 시간에 항상 앞에 앉으라.

예배드리고 말씀 듣는 일에 누구보다도 앞장서서 하려는 노력이 필요하다.

선포하기 여러분은 지금 하는 모든 일에 정점을 찍어보기를 원하시나요? 최고의 경지에 오르기를 원하시나요? 하나님은 성경이 열린 사람을 밀어주십니다. 다 같이 큰 목소리로 세 번 외쳐보겠습니다. **"성경을 알자!"**

(교사는 모든 성도들이 큰 목소리로 삼창을 할 수 있도록 지도해 주세요.)

복습질문

하나님이 쓰시는 사람

1. **하나님은 어떤 사람을 쓰시나요?**

   하나님은 성경이 열린 사람을 쓰십니다. 하나님은 무슨 일을 하는 어느 사람이든 성경을 아는 사람이라면 그를 가만두지 않으시고 당대 모든 분야에서 최고의 자리에 올려 놓으십니다. 하나님은 성경이 열린 사람에게 기도의 응답을 주시고, 성경이 열린 사람을 밀어주십니다.

2. **성경이 열려 당대 최고의 자리에 올라간 '성경의 사람들'이 있었습니다. 가장 기억에 남는 사람이 누구인가요?**

   - 예술(미술, 음악): 미켈란젤로; 바흐, 모차르트, 베토벤
   - 과학: 뉴턴, 에디슨
   - 문학: 톨스토; 셰익스피어, C.S. 루이스
   - 정치: 조지 워싱턴, 아브라함 링컨, 이승만
   - 경제: 록펠러, 카네기

3. 세계 최고 부자 록펠러의 어머니가 남겨준 10가지 유언을 다시 한번 큰 목소리로 함께 읽어 보세요. (전 장 참조)

나눔질문

Q. 여러분이 지금 하고 있는 일(사업, 직장, 공부, 가정 등) 가운데 어떤 어려움들이 있나요? 그 근본적인 이유가 무엇일까요?

(교사는 먼저 성도들에게 지금 삶 가운데 어떤 어려움들이 있는지 한 명씩 나누도록 진행해 주세요. 모든 성도들이 나눈 뒤, 교사는 모든 문제의 근본적인 이유는 성경을 알지 못하기 때문이라고 설명해 주세요.)

우리가 하는 일들이 잘 풀리지 않는 이유는 복합적인 표면상의 문제들 때문이 아니라, 성경을 모르기 때문입니다. 하나님은 성경을 모르는 사람은 쓰실 수도, 축복해 주실 수도 없습니다. 아무리 많은 일을 맡고 많은 축복을 받아도, 성경을 모르는 사람에게는 그 모든 것이 저주가 되기 때문입니다.

Q. 앞으로 하는 모든 일에 정점을 찍기 위해서는, 무엇을 알아야 할까요?

(교사는 성도들에게 오직 성경을 알 때만이 문제가 해결되고 하는 모든 일에 정점을 찍을 수 있다고 강조해 주세요. 이후, 아래 '성경읽기 결단표'를 작성하고, 돌아가면서 나눌 수 있도록 인도해 주세요. 교사는 각 성도가 결단한 내용을 기록해 두고, 매주 성실히 이행할 수 있도록 확인하고 격려해 주세요.)

성경읽기 결단표
저, ____________는 하루에 성경을 __________장씩 읽을 것을 결단합니다.

찬송하기 200장 달고 오묘한 그 말씀

기도하기 주님, 내 삶 가운데 성경이 열리는 역사가 있게 하옵소서
(주여 삼창 부르짖고 통성으로 기도합니다)

1과

성경은 무엇인가

찬송하기 199장 나의 사랑하는 책

기도하기 주님, 성경의 원리가 무엇인지 알게 하옵소서 (주여 삼창 부르짖고 통성으로 기도합니다)

도표참조 <성경의 원리를 알자> 도표를 펴 봅시다. (교재 뒷장에 도표를 참조하세요.)

복습하기 '서론: 하나님이 쓰시는 사람'을 함께 복습해 봅시다.

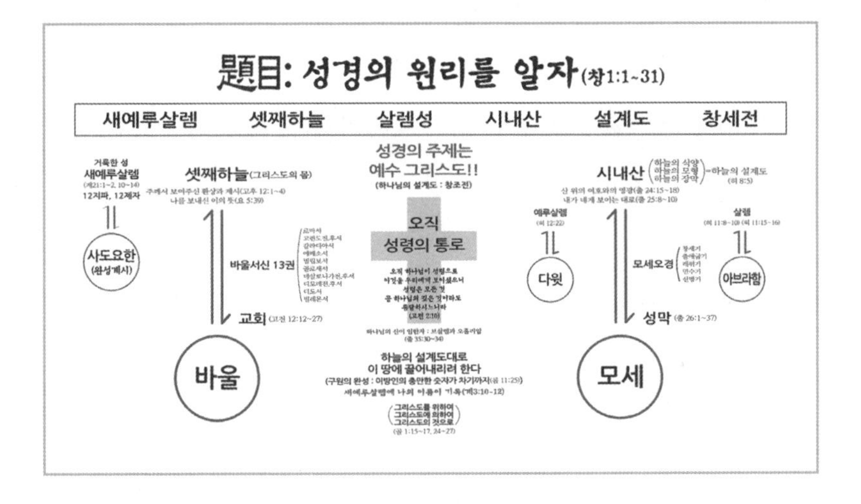

성경읽기 요한복음 1:1

성경의 기록이 완성된 지 2천 년이 지났습니다. 2천 년 동안 인류 역사는 성경을 들고 팠습니다. 도대체 성경은 무슨 책인가? 성경을 알기 위해, 신학자들은 시대마다 연구하고 수없는 책들이 쏟아져 나왔습니다. 그럼에도 불구하고, 성경은 읽고 연구할수록 미궁에 빠졌습니다.

하나님이 천지를 창조하시고 예수 그리스도가 재림하기 전까지 하나님의 영원한 소원은 인간이 성경을 제대로 아는 것입니다. 우리는 흔히 명문 대학 진학, 대기업 취직, 자녀 결혼, 사업 성공 등을 놓고 하나님에게 기도로 구합니다. 하지만 하나님으로부터 오는 응답은 딱 한 가지입니다. '네가 그것을 원하느냐? 그렇다면 성경을 알라.'라는 것입니다. 그렇다면 성경이 열리기 위해서는 성경이 무엇인지 바로 알아야 합니다.

구약의 모세

성경읽기 출애굽기 24:15-18

성경은 구약시대의 모세가 처음 쓴 것입니다. 이것은 성경의 첫 다섯 권(모세오경)인 창세기, 출애굽기, 레위기, 민수기, 신명기입니다. 나머지의 성경은 첫 다섯 권을 설명하는 해설집입니다. 지금도 이스라엘의 전통적 랍비 학교에 가면, 이와 같이 가르칩니다. 성경을 기록한 모세는 진정 대단한 사람입니다. 그렇다면, 모세는 어떻게 성경을 기록할 수 있었을까요?

성경읽기 히브리서 8:5

알래야 알 수 없고, 잡을래야 잡을 수 없는 성경을 모세가 어떻게 기록했을까요? 출더군다나 출애굽 시대의 사람인 모세는 어떻게 그전에 일어난 창세기를 기록할 수 있었을까요? 모세는 우리보다 인간적 실력이 뛰어나거나 월등한 사람이 아니었습니다. 모세가 성경을 쓸 수 있었던 딱 한 가지 이유는 그가 시내산에 올라가 하늘의 식양을 보았기 때문입니다. 식양은 다른 말로 모형, 법, 제도, 설계도입니다. 모세가 시내산에 올라가 하늘의 설계도를 보고 내려와서 기록한 것이 모세오경(창세기, 출애굽기, 레위기, 민수기, 신명기)이고, 그가 지은 것이 성막입니다.

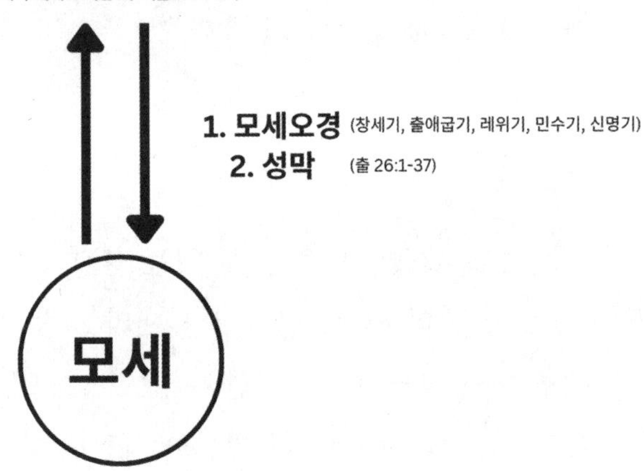

하지만 몇 천년 동안 모세가 쓴 성경과 성막을 알아낸 사람이 없었습니다. 성경을 부분적으로는 만지지만, 성경의 원리를 알아낸 사람이 없었습니다. 그런데 드디어 신약시대에 와서 인류 역사 최초로 모세가 기록한 성경과 지은 성막의 원리가 무엇인지 알아낸 사람이 등장합니다. 바로 사도 바울입니다.

신약의 사도 바울

성경읽기 고린도후서 12:1-4

모세오경과 성막을 해석할 사람이 없어서 구약성경은 아주 오랫동안 가리워져 있었습니다. 그런데 그 계시가 신약의 사도 바울에 의해 열리게 됩니다. 사도 바울은 어떻게 성경과 성막을 해석할 수 있었을까요? 사도 바울도 모세와 마찬가지로 우리보다 인간적으로 뛰어난 사람이 아닙니다. 사도 바울이 구약을 해석할 수 있었던 이유는 그가 셋째 하늘에 올라가 모세와 동일한 하늘의 식양을 보았기 때문입니다.

사도 바울은 셋째 하늘에 올라가 모세가 본 것과 동일한 하늘의 설계도를 보았습니다. 그가 모세와 똑같은 설계도를 보고 쓴 것이 신약성경(바울서신 13권)이고 지은 것이 교회입니다. 바울서신 13권은 모세오경에 대한 해설집이고, 바울의 교회는 콘크리트 벽으로 만든 유형적 교회만을 말하는 게 아니라 교회란 무엇인지 설명하는 모형적 교회론입니다.

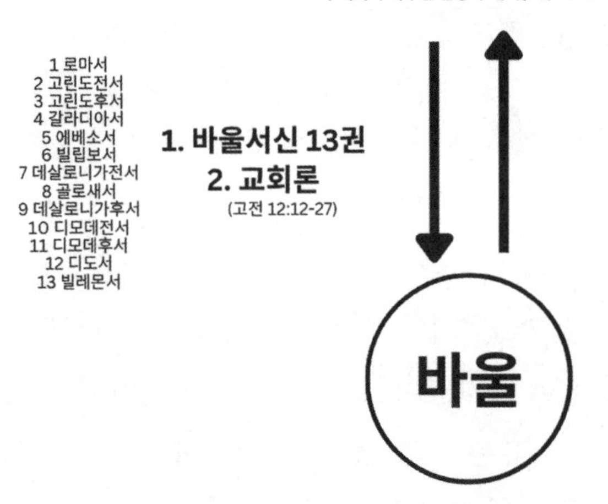

성경은 무엇인가?
'모세가 쓰고 바울이 해석한 것'

하늘의 설계도를 보고 모세가 기록한 것이 모세오경이고, 동일한 설계도를 보고 사도 바울이 영적으로 풀어낸 것이 바울서신 13권입니다. 따라서 성경은 무엇인가? 성경은 모세가 쓰고 바울이 해석한 것입니다. 또 하늘의 설계도를 보고 모세가 지은 것이 성막이고, 동일한 것을 보고 사도 바울이 영적으로 풀어낸 것이 교회입니다. 모세와 사도 바울이 각자 기록하고 지은 것을 짝지은다면, 모세오경과 바울서신 그리고 성막론과 교회론이 일치하게 됩니다.

모세와 사도 바울은 어떻게 성경을 쓰고 해석할 수 있었을까요? 그들이 우리보다 인간적으로 뛰어나기 때문이 아니라, 동일한 하늘의 설계도를 보았기 때문입니다. (교사는 설교집 16쪽, '성경은 무엇인가'를 참고해 주세요.)

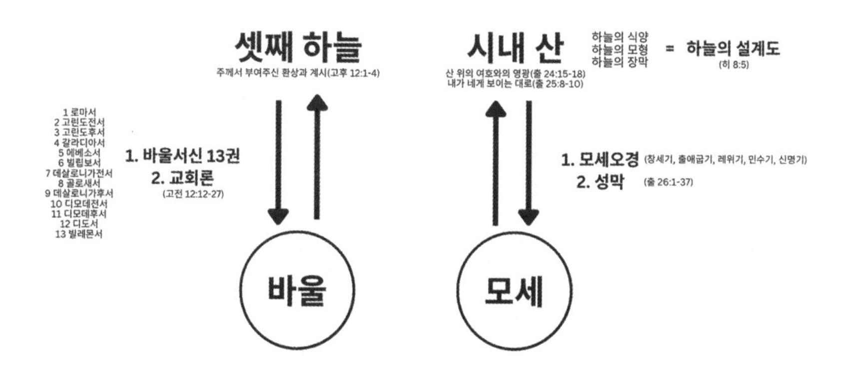

선포하기 성경이 열리기 위해서는 먼저 성경이 무엇인지 알아야 합니다. 다 같이 큰 목소리로 세 번 외쳐보겠습니다. **"성경은 모세가 기록하고, 바울이 해석한 것이다!"**
(교사는 모든 성도들이 큰 목소리로 삼창을 할 수 있도록 지도해 주세요.)

복습질문

성경은 무엇인가

1. **성경이 무엇인가요? 한 줄로 설명해 보세요.**
   '성경은 모세가 쓰고 바울이 해석한 것'입니다.

2. **성경을 처음으로 기록한 사람은 누구인가요?**
   성경은 구약시대의 모세가 처음 쓴 것입니다. 이것은 성경의 첫 다섯 권(모세오경)인 창세기, 출애굽기, 레위기, 민수기, 신명기입니다.

3. **모세는 어떻게 구약성경을 기록할 수 있었나요?**
   모세가 구약을 쓸 수 있었던 이유는 이유는 인간적 실력이 뛰어나서가 아니라 동일한 하늘의 설계도를 보았기 때문입니다.

4. **하늘의 설계도를 본 모세는 구약성경을 쓰고, 무엇을 지었나요?**
   모세는 시내 산에 올라가 하늘의 설계도를 본 후, 구약성경

(모세오경)을 쓰고 성막을 지었습니다(출 24:15-18, 25:8-10, 히 8:5).

5. 구약의 모세오경을 신약 시대에 와서 풀어낸 사람은 누구인가요? 그는 어떻게 구약을 풀어낼 수 있었나요?

사도 바울이 구약을 풀어낼 수 있었던 이유는 인간적 실력이 뛰어나서가 아니라 동일한 하늘의 설계도를 보았기 때문입니다.

6. 동일한 하늘의 설계도를 본 사도 바울은 신약성경을 쓰고, 무엇을 지었나요?

사도 바울은 셋째 하늘에 올라가 하늘의 설계도를 본 후, 신약성경(바울서신 13권)을 쓰고 교회를 지었습니다(고후 12:1-4).

나눔질문

Q. 성경이 열리기 위해서는 먼저 성경이 무엇인지 알아야 합니다. '성경은 모세가 쓰고 바울이 해석한 것'입니다. 지금부터 아래 빈 도표를 채워 보세요.

(교사는 성도들이 '성경은 모세가 쓰고 바울이 해석한 것'이라는 문장을 외우고, 한 명씩 돌아가면서 외칠 수 있도록 인도해 주세요. 이후, 이번 단원에서 배운 내용을 토대로 아래 빈 도표를 각자 채울 수 있는 시간을 주세요. 이때 본문 내용을 다시 살펴봐도 좋습니다. 모든 성도가 도표를 채웠다면, 다 같이 답을 확인해 주세요.)

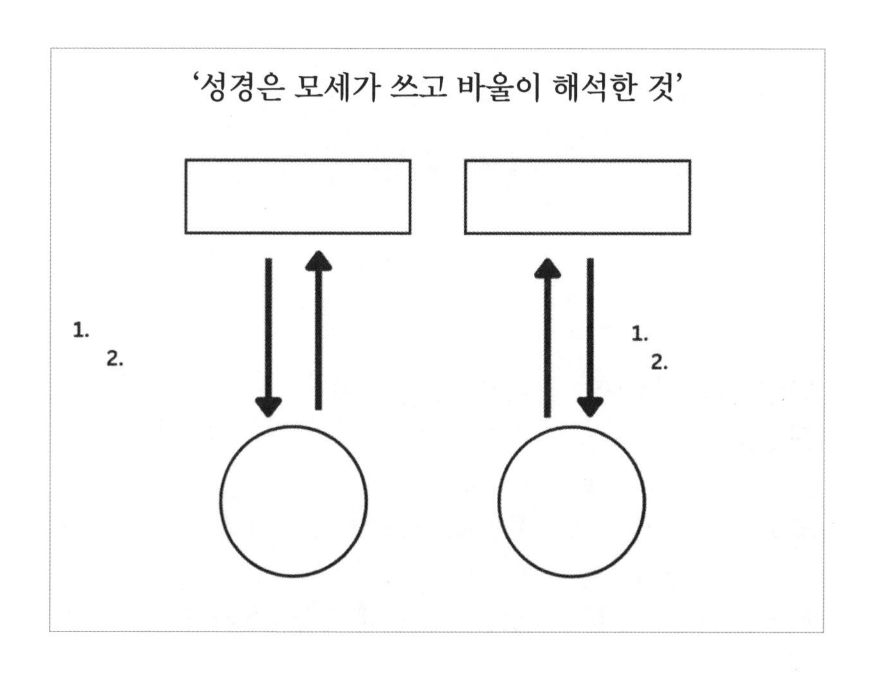

찬송하기 546장 주님 약속하신 말씀 위에서

기도하기 주님, 성경이 무엇인지 알게 해 주시니 감사드립니다 (주여 삼창 부르짖고 통성으로 기도합니다)

2과

하늘의 설계도는 무엇인가

찬송하기 546장 주님 약속하신 말씀 위에서

기도하기 주님, 하늘의 설계도를 보여 주시옵소서 (주여 삼창 부르짖고 통성으로 기도합니다)

도표참조 <성경의 원리를 알자> 도표를 펴 봅시다. (교재 뒷장에 도표를 참조하세요.)

복습하기 '1과: 성경은 무엇인가'를 함께 복습해 봅시다.

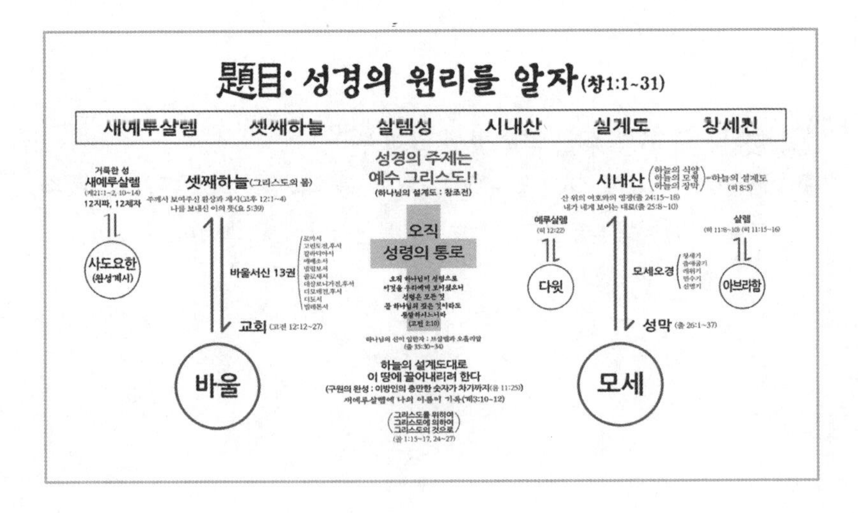

성경읽기 요한복음 5:27

모세와 사도 바울이 각각 시내산과 셋째 하늘에 올라가서 본 하늘의 설계도는 예수 그리스도입니다. 하늘의 설계도의 주제는 예수 그리스도입니다. 따라서 성경과 교회의 주제는 모두 예수 그리스도입니다.

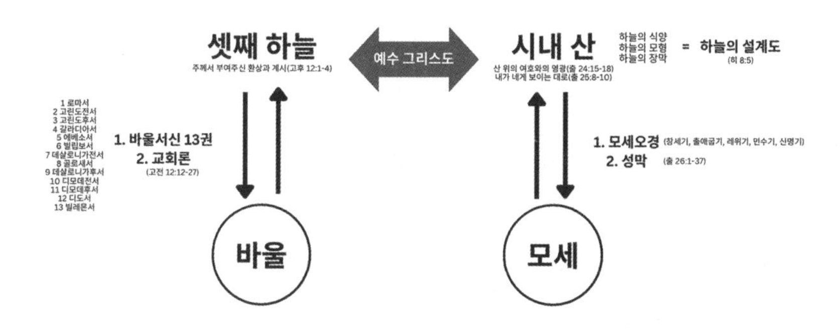

하나님이 성경을 주신 이유

책을 쓰는 작가는 성경을 책 쓰는 자료로 삼고, 역사학자들은 역사책으로 삼고, 철학자들은 철학 책으로 삼고, 군사 전략가들은 군사전략 책으로 삼지만, 이 모든 것은 성경에 대한 모독입니다. 하나님이 우리에게 성경을 주신 이유는 다른 데 있습니다. 그것은 예수 그리스도를 알기 위함입니다. 예수 그리스도가 우리 속에 들어오시기 위함입니다. 이것이 열리지 않은 사람은 동해물과 백두산이 마르고 닳도록 성경을 읽어도 성경이 도대체 무슨 책인지 알 수가 없습니다. 우리는 성경을 통해서 지식과 윤리 도덕을 쌓으려는 것이 아니라, 모세와 사도 바울이 보았던 예수 그리스도를 보기 위함입니다. 예수 그리스도가 목적이 아니라면, 모든 예배, 성경공부, 찬양, 기도, 신앙생활은 우리의 삶에 변화를 줄 수 없습니다. 예수 그리스도가 삶의 중심이 아니라면, 모든 인생은 무의미한 것입니다. 우리는 성경을 읽을 때마다 하늘의 설계도이신 예수 그리스도를 발견해야 합니다. (교사는 설교집 24쪽, '예수 그리스도를 알기 위함'을 참고해 주세요.)

선포하기 성경을 읽고 교회를 다니는 목적은 예수 그리스도를 알기 위함입니다. 예수 그리스도가 목적이 아니라면, 모든 것은 무의미한 것입니다. 다. 다 같이 큰 목소리로 세 번 외쳐보겠습니다. **"하늘의 설계도이신 예수 그리스도를 알자!"**

(교사는 모든 성도들이 큰 목소리로 삼창을 할 수 있도록 지도해 주세요.)

복습질문

하늘의 설계도는 무엇인가

1. 모세와 사도 바울이 본 하늘의 설계도는 무엇인가요?
   하늘의 설계도는 예수 그리스도입니다. 성경과 교회의 주제는 모두 예수 그리스도입니다.

2. 성경을 읽고, 기도를 하고, 예배를 드리는 등 신앙생활의 전체 목적은 무엇인가요?
   예수 그리스도를 알기 위함입니다. 예수 그리스도가 우리 속에 들어오시기 위함입니다. 이것이 열리지 않은 사람은 동해물과 백두산이 마르고 닳도록 성경을 읽어도 성경이 도대체 무슨 책인지 알 수가 없습니다. 우리는 성경을 통해서 지식과 윤리 도덕을 쌓으려는 것이 아니라, 모세와 사도 바울이 보았던 예수 그리스도를 보기 위함입니다. 예수 그리스도가 목적이 아니라면, 모든 예배, 성경공부, 찬양, 기도, 신앙생활은 우리의 삶에 변화를 줄 수 없습니다. 예수 그리스도가 삶의 중심이 아니라면, 모든 인생은 무의미한 것입니다. 우리는 성경을 읽을 때마다 하늘의 설계도이신 예수 그리스도를 발견해야 합니다.

나눔질문

Q. 여러분은 왜 성경을 읽고, 기도를 하고, 예배를 드리나요? 여러분의 신앙생활의 목적은 그동안 무엇이었나요?

(교사는 성도들이 그동안 신앙생활을 한 목적이 무엇이었는지 솔직하게 돌아보고 나눌 수 있도록 인도해 주세요. 이때 교사가 먼저 자신의 간증을 나눠주는 것도 좋습니다. 다만, 성도들이 충분히 나눌 수 있도록 교사의 나눔은 되도록 짧게 해주세요.)

예시: 자기 의로움을 위해, 사업을 위해, 부모님을 위해, 지식을 위해, 성공을 위해 신앙생활을 하다 보면, 개인의 목적 달성과 위로와 안위를 위해서 교회를 다니기도 하고 교회를 끊기도 합니다. 이런 삶은 하나님 중심적 삶이 아니라, 자기중심적 종교생활에 불과합니다.

Q. 앞으로 신앙생활의 궁극적 목적을 무엇으로 삼아야 할까요? 구체적으로 결단해 봅시다.

(교사는 모든 성도들이 돌아가면서 신앙생활의 궁극적 목적을 '예수 그리스도를 아는 것'으로 고백할 수 있도록 도와주세요. 이후, 이를 어떻게 실천할 것인지 구체적인 삶의 결단을 적도록 하고, 한 명씩 나누게 해 주세요.)

신앙생활의 목적은 예수 그리스도를 알기 위함입니다. 예수 그리스도가 우리 속에 들어오시기 위함입니다. 우리는 성경을 통해서 지식과 윤리 도덕을 쌓으려는 것이 아니라, 모세와 사도 바울이 보았던 예수 그리스도를 보기 위함입니다. 예수 그리스도가 목적이 아니라면, 모든 예배, 성경공부, 찬양, 기도, 신앙생활은 우리 삶에 변화를 줄 수 없습니다. 예수 그리스도가 삶의 중심이 아니라면, 모든 인생은 무의미한 것입니다.
삶의 결단 예시: '다른 어떤 스케줄보다 예배를 먼저 사수하겠습니다', '아무리 바빠도 하루를 기도와 말씀으로 시작하겠습니다', '공부할 때 세상의 가치관을 따르지 않고 성경의 말씀대로 순종하겠습니다"

찬송하기 이 험한 세상 나 살아갈 동안(찬송하며 살리라)

기도하기 주님, 내 신앙생활의 목적은 오직 예수 그리스도이십니다, 내 인생의 주인은 오직 예수 그리스도이십니다, 주님을 놓쳤던 모든 죄를 회개합니다, 용서해 주시옵소서 (주여 삼창 부르짖고 통성으로 기도합니다)

3과

하늘의 설계도는 어떻게 열리는가

찬송하기 347장 허락하신 새 땅에

기도하기 주님, 우리의 심령 가운데 하늘의 설계도가 활짝 열리게 하옵소서 (주여 삼창 부르짖고 통성으로 기도합니다)

도표참조 <성경의 원리를 알자> 도표를 펴 봅시다. (교재 뒷장에 도표를 참조하세요.)

복습하기 '2과: 하늘의 설계도는 무엇인가'를 함께 복습해 봅시다.

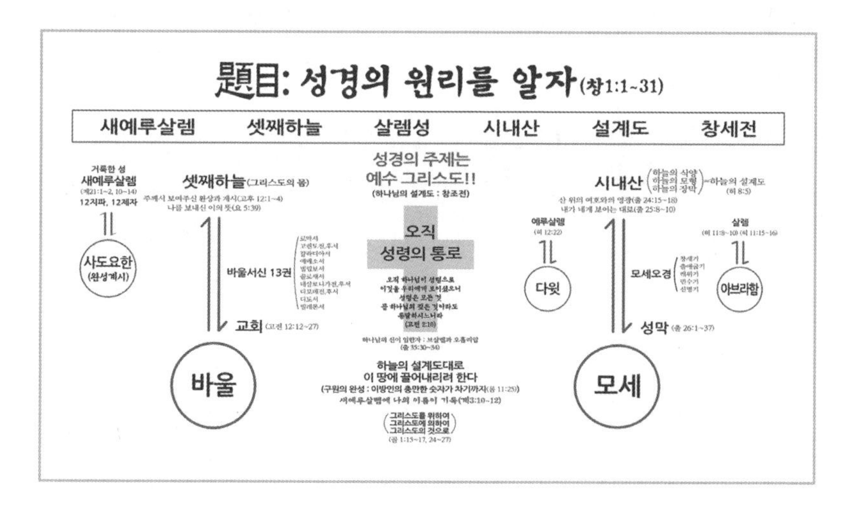

성경읽기 고린도전서 2:9-10

사람이 하늘의 설계도를 직접 보지 못해도 모세와 사도 바울이 본 예수 그리스도의 모형을 볼 수 있는 유일한 통로는 오직 성령입니다. 성령을 받으면 모세와 사도 바울이 본 예수 그리스도의 모형이 보이기 시작합니다.

성령을 받은 사람과 받지 않은 사람이 똑같은 성경을 읽고 연구하고 토론해도, 서로 간에 마치 큰 벽을 놓고 말하는 것과 같은 동문서답의 느낌이 들 수밖에 없습니다. 아무리 기독교인일지라도 성경을 공부한다고 전부 성경의 내용을 공유하는 것이 아닙니다. 성령이 아니면 성경은 보이지 않습니다. 어떻게 사람이 창세기부터 요한계시록까지 전부 알 수 있겠습니까? 성경을 다 암송하지 않고 외우지 않아도, 성령을 통해 성경의 주제인 예수님을 알면 됩니다. 성령의 채널이 아니고서는 그 누구도 성경을 이해할 수가 없습니다. 아무리 지식이 가득 차고 넘쳐도, 성령이 임하지 않은 사람에게는 성경이 열리지 않습니다. 하지만 글도 못쓰는 할머니일지라도 하나님의 성령이 그 속에 계시면 성경이 열리기 시작합니다. 성령이 우리 속에 들어올 때야 만이 성경이 깨달아지기 시작합니다. 성령의 사람만이 성경을 깨달을 수 있습니다. 오직 성령의 통로를 확보한 사람만이, 하늘의 설계도이신 예수 그리스도를 깨달을 수 있습니다.

모세의 안수: 브살렐과 오홀리압

성경읽기 출애굽기 35:30-34

모세는 그가 시내산에서 본 하늘의 설계도를 땅으로 끌어내리기 위해 브살렐과 오홀리압을 지명하여 장막 지을 것을 명합니다. 모세는 그들에게 성막의 모형을 설명해 줍니다. 하지만 아무리 설명을 해도 그들은 알아듣지 못합니다. 그래서 모세는 그들의 머리에 안수를 합니다. 그 순간, 하나님의 성령이 그들에게 충만하게 임하여 그들이 직접적으로 보지는 못했지만 하늘의 설계도가 가슴속에 그려지기 시작합니다. 안수를 하는 이유는, 사람 속에 하나님의 성령이 들어가기 위함입니다. 성령님이 우리 속에 들어오시는 순간부터 우리에게도 하늘의 설계도가 열리기 시작합니다.

성령으로 충만하게 된 브살렐과 오홀리압은 모세의 말이 끝나기도 전에 '아하 이것을 보셨구나' 똑같은 것을 보는 듯한 공명이 일어납니다. 우리도 성경을 읽을 때 모세가 시내산에서 본 하늘의 설계도가 우리 가슴속에 나타나야 합니다. 또 목사님이 성경을 설명할 때도 우리 속에 공명이 일어나야 합니다. 목사님은 혼자 설교하고 성도들은 딴 생각을 한다면, 예배를 1년 365일 드려도 아무런 소용이 없습니다. 오늘날도 설교를 하는 사람과 설교를 듣는 사람에게도 성령의 통로가 확보되어야 설교를 알아듣는 것입니다. 성령의 통로가 아니면 성경을 읽어도 설교를 들어도 절대로 알 수 없습니다. 말씀을 들어도 하늘의 모형이 눈에 보이지 않습니다. 반면에 '아하 목사님이 이것을 말씀하시려는구나.' 같은 말이 튀어나오려면, 성령을 받아야 합니다. 오직 성령을 받은 사람만이, 하늘의 설계도의 주제인 예수 그리스도를 깨달을 수 있습니다.

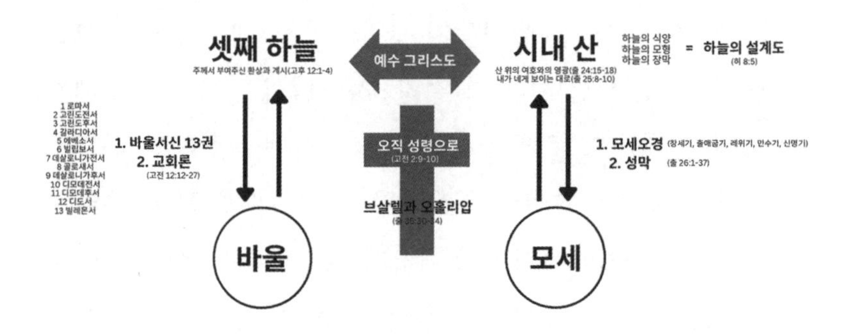

성경의 박사, 서기관들

성경읽기 마태복음 2:1-8

서기관들은 예수 그리스도에 대한 모든 것을 알고 있었습니다. 심지어 예수 그리스도가 태어날 장소가 유대 땅 베들레헴임을 알면서도 그들은 동방박사들에게 가르쳐 줄 뿐 자신들은 가지 않았습니다. 그리고 나중에는 예수 그리스도를 거짓 선지자라고 부르며 메시아를 죽이는 데 혈안이 되었습니다. 구약시대는 인쇄술이 발달되지 않았기 때문에 서기관들이 성경을 손으로 필사했습니다. 그들은 한 자라도 틀리면 틀린 철자만 지우는 것이 아니라 전부 찢어서 다시 썼습니다. 이렇게 매일같이 성경을 필사하고 연구하는 서기관들은 성경에 대해 그 누구보다도 유식했지만, 그들은 성경의 전체 주제를 깨닫지 못했습니다.

오직 성령의 통로

성령의 통로가 아니면, 성경을 수없이 읽어도 예수 그리스도를 발견할 수 없습니다. 성령의 통로가 아니면, 성경을 수없이 읽는 것 자체가 오히려 독이 될 수 있습니다. 아무리 좋은 물이라도 죽은 나무에 퍼붓는 물은 결국 나무를 썩힙니다. 이와 같이 아무리 좋은 설교라도 보혜사 성령님이 들어가지 않은 사람은 말씀을 들을수록 영혼이 썩습니다. 반면에, 보혜사 성령님이 들어간 사람은 말씀을 들을수록, 찬양을 부를수록, 예배를 드릴 수록 영혼이 살아납니다. 그러므로 우리는 모두 성령을 받아야 합니다.
(교사는 설교집 62쪽, '성령의 통로'를 참고해 주세요.)

선포하기 성령이 우리 속에 들어올 때만이 성경이 깨달아지기 시작합니다. 오직 성령의 통로를 확보한 사람만이 하늘의 설계도이신 예수 그리스도를 볼 수 있습니다. 다 같이 큰 목소리로 세 번 외쳐보겠습니다. **"성령을 받자!"**

(교사는 모든 성도들이 큰 목소리로 삼창을 할 수 있도록 지도해 주세요.)

복습질문

하늘의 설계도는 어떻게 열리는가

1. 모세와 사도 바울처럼 시내산과 셋째 하늘에 직접 올라가지 않아도, 어떻게 하늘의 설계도를 볼 수 있나요?
   오직 성령의 통로를 확보한 사람만이, 하늘의 설계도의 주제인 예수 그리스도를 깨달을 수 있습니다.

2. 모세가 하늘의 설계도를 땅으로 끌어내리기 위해 성막 짓는 일에 안수해 준 두 사람이 누구인가요?
   브살렐과 오홀리압입니다.

3. 모세의 안수를 받은 뒤, 이들은 어떻게 변하게 되었나요?
   모세의 안수를 받은 브살렐과 오홀리압은 하나님의 성령이 그들에게 충만하게 임하여 하늘의 설계도가 가슴속에 그려지기 시작합니다. 성령님이 우리 속에 들어오시는 순간부터 우리에게도 하늘의 설계도가 열리기 시작합니다.

4. 성경에는 박사였지만, 예수 그리스도를 깨닫지 못한 사람들이 누구였나요?

   서기관들입니다. 이들은 그 누구보다도 성경에 대해 유식했지만, 정작 성경의 주제이신 예수 그리스도는 깨닫지 못했습니다.

나눔질문

Q. 하늘의 설계도가 열리기 위해서는 성령을 받아야 합니다. 어떻게 성령을 받을 수 있을까요?

(교사는 아래 내용을 미리 숙지하고, 구체적으로 어떻게 성령세례를 받을 수 있는지 성도들에게 가르쳐주세요.)

오직 성령의 통로를 확보한 사람만이, 하늘의 설계도의 주제인 예수 그리스도를 깨달을 수 있습니다. 성령이 아니면 성경은 보이지 않습니다. 성령이 우리 속에 들어올 때야 만이 성경이 깨달아지기 시작합니다. 성령의 사람만이 성경을 깨달을 수 있습니다.

성령세례를 위한 기도의 자세

1. 첫째, 죄를 회개해야 합니다. 과거부터 지금까지 지은 모든 죄를 하나님에게 전심으로 회개해야 합니다. 죄를 회개하지 않으면, 하나님의 거룩한 성령은 우리 속에 들어오실 수가 없습니다.
2. 둘째, 성령님을 사모해야 합니다. 최초의 오순절이 임하기 직전의 상태로 돌아간 것처럼 열광하고 사모함이 고조되어야 합니다.
3. 셋째, '주여' 삼창으로 부르짖어 기도해야 합니다. 이때 옆 사람의 기도가 내 귀에 들리면 안 됩니다. 옆 사람의 기도가 내 귀에 들리는 사람은 아직도 주님에 대한 사모함이 절정에 가지 못한 것입니다. 각자가 전체 중에서 자신의 기도 소리가 제일 세야 합니다. 자신의 입과 귀가 제일 가깝기 때문에 누구든지 자신의 소리가 제일 셀 수밖에 없습니다.
4. 넷째, 기도할 때 주님을 향하여 머리를 들고 기도해야 합니다. 절대 머리를 바닥이나 의자에 쳐박고 기도하면 안 됩니다. 성령님의 강타를 구하는 기도는 머리를 들고 주님을 향하여 부르짖어야 합니다.
5. 다섯째, 자리를 잘 앉아야 합니다. 가족과 붙어 앉는 사람은 의식하느라 성령세례가 잘 오지 않을 때가 있습니다.
6. 마지막으로, 기도하다 보면 사탄이 우리의 머리 속에 생각

을 넣습니다. '이렇게 하지 않아도 그동안 신앙생활 잘했는데, 꼭 이렇게까지 해야 하는가?' '옆에 앉아있는 남편이 비웃겠다, 그만 둬!' 이때 사탄의 말에 절대 동의하면 안됩니다. '예수 그리스도의 이름으로 물러가라!'라고 대항하여 성령세례를 놓치 말아야 합니다.

성령세례의 현상

성령님이 강타하시면, 방언이 터질 수도 있고 몸에 진동이 올 수도 있습니다. 사람마다 현상은 다 다르지만, 성령님이 오실 때 절제하면 안됩니다. 어떤 사람은 방언이 터질 때 입을 손으로 잡아버립니다. 어떤 사람은 몸에 진동이 올 때 기도를 멈춰버립니다. 이 모든 것을 절제하지 말고, 성령님의 자유함에 맡겨야 합니다.

또 방언이 터질 때, 어떤 사람은 처음부터 유창하게 터질 수도 있지만 대다수가 그렇지 않습니다. 이때 사탄은 의심을 줍니다. 하지만 예수 그리스도의 이름을 대항해야 합니다. 방언이 유창한 사람도 처음 터질 때는 유창하지 못했습니다. 방언은 하면 할수록 바뀌어갑니다. 방언은 터지는 것 자체가 가장 중요한 것입니다.

찬송하기 성령 받으라 / 주님께 찬양드려요 / 오 주님께서 나를 살리셨네

(기도) 주님, 내게 성령을 부어주세요. 소경에 불과한데 교회를 다니고 성경을 읽으면 뭐합니까? 더이상 깡통 성도가 되기 싫습니다. 브살렐과 오홀리압에게 부어줬던 하나님의 성령이여, 내게도 부어주세요. 도대체 모세가 시내산에서 무엇을 보았고, 사도 바울이 셋째 하늘에서 무엇을 보았는지, 내 속에도 공유되게 해주세요. 성경을 읽을 때 내 속에 공명이 일어나게 해주세요. 나는 진정 포기할 수 없습니다. 결단코 물러설 수 없습니다. 주여 삼창하며 기도하겠습니다. 주여! 주여! 주여!

(성도들의 믿음의 분량대로 통성기도의 시간을 정하세요. 통성기도가 끝난 후, 마무리 기도를 해주세요.)

기도하기 주님, 브살렐과 오홀리압에게 부어주셨던 하나님의 성령이여 나에게도 성령을 부어 주시옵소서, 도대체 모세가 시내산에서 무엇을 보았고 사도 바울이 셋째 하늘에서 무엇을 보았는지 내 속에도 공유되게 하옵소서, 성경을 읽을 때 내 속에 공명이 일어나게 하옵소서, 나는 진정 포기할 수 없습니다, 결코 물러설 수 없습니다 (주여 삼창 부르짖고 통성으로 기도합니다)

4과

하늘의 설계도를 본 사람은 어떻게 사는가?

찬송하기 사랑해요 목소리 높여

기도하기 주님, 우리를 통해 하늘의 설계도가 이 땅에 임하게 하옵소서 (주여 삼창 부르짖고 통성으로 기도합니다)

도표참조 <성경의 원리를 알자> 도표를 펴 봅시다. (교재 뒷장에 도표를 참조하세요.)

복습하기 '3과: 하늘의 설계도는 어떻게 열리는가'를 함께 복습해 봅시다.

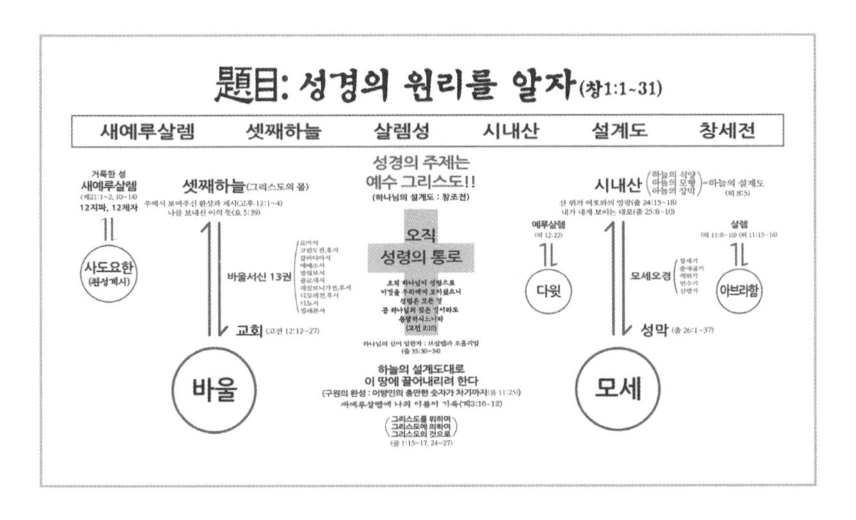

성경읽기 로마서 1:1

하늘의 설계도를 본 사람들의 공통적인 특징이 있습니다. 하늘의 설계도를 본 사람은 자신이 본 것을 이 땅에 구축하려는 새로운 본능이 생깁니다. 성경을 읽어도 평소와 다를 것 없이 살아가는 사람들은 하늘의 설계도를 보지 못했기 때문입니다. 사도 바울은 하늘의 설계도를 본 후로 그가 가는 곳마다 자신이 본 하늘의 모형을 이 땅에 구축하기 시작했습니다. 그것이 교회입니다. 사도 바울이 가는 곳이라면 감옥이든지 루디아의 집이든지 전부 교회가 됩니다. 하늘의 설계도를 본 사람만이 모세와 사도 바울처럼 예수 그리스도를 이 땅에 구축해 나갈 수 있습니다.

하늘의 설계도를 본 사람들

시대마다 하나님의 위대한 사람들은 하늘의 설계도를 봤습니다.
(교사는 설교집 37쪽, '하늘의 설계도를 본 사람들'을 참고해 주세요.)

1. 아브라함

성경읽기 히브리서 11:8-10, 15-16

아브라함은 똑같은 하늘의 설계도를 보고 이를 '성'으로 표현했습니다. 아브라함은 이 한 성을 보았기 때문에 고향땅 갈대아 우르로 돌아갈 수 없었습니다. 하나님의 일을 하다 보면, 때때로 돌아서고 싶은 순간이 있습니다. 하지만, 하늘의 설계도를 본 사람은 결코 돌아설 수 없습니다. 목사, 선교사, 사역자들이 고난 속에서도 포기할 수 없는 이유가 바로 이것입니다. 아브라함은 하늘의 성을 보고 이 땅에 '살렘 성'을 지었습니다. 하늘의 설계도를 본 사람은 하늘의 것을 땅에 구축해 나가는 사명의 삶을 살아가게 됩니다. (교사는 설교집 37쪽, '아브라함'을 참고해 주세요.)

2. 다윗

성경읽기 시편 112:1-7, 히브리서 12:22

다윗은 똑같은 하늘의 설계도를 보고, 이 땅에 '살렘'에 '예루'를 붙인 '예루살렘' 성을 짓습니다. 예루살렘은 땅의 설계도로 지어진 것이 아니라, 하늘의 설계도를 땅으로 끌어내린 것입니다. 하늘의 설계도가 땅으로 내려오는 통로에 줄을 선 사람은 복의 근원이 됩니다. (교사는 설교집 41쪽, '다윗'을 참고해 주세요.)

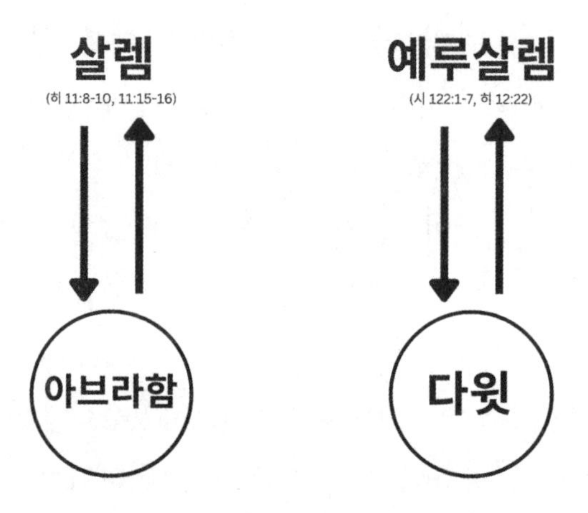

3. 사도 요한

성경읽기 요한계시록 21:1-2, 10-14

시내마다 하늘의 실계도를 보고 이 땅으로 끌어내린 사람들이 있었습니다. 그중에서도 하늘의 설계도에 대한 완성 계시를 받아 이를 완전하게 해독한 사람이 있습니다. 바로 사도 요한입니다.

하늘의 설계도는 점진적으로 확대되다가 사도 요한 때 완전하게 열립니다. 이것을 가리켜 '완성 계시'라고 합니다. 사도 요한이 밧모섬에서 본 완성 계시는 '예루살렘'에 '새'를 붙인 '새 예루살렘'입니다. 창세기부터 시작된 하나님의 구원 역사경영은 예수님이 재림하시고 요한계시록 21장의 새 예루살렘이 하늘에서 내려와 땅에서 완전하게 이루어지는 것으로 끝납니다. 하늘의 새 예루살렘이 땅으로 내려오면, 모든 인류 역사는 그것으로 끝나게 됩니다. 하나님이 천지를 창조하시고 아담과 하와를 지으시고 인류 역사를 경영하신 최후의 목적지는 바로 새 예루살렘입니다. 모든 것은 새 예루살렘으로 끝나게 돼 있습니다. (교사는 설교집 42쪽, '사도 요한'을 참고해 주세요.)

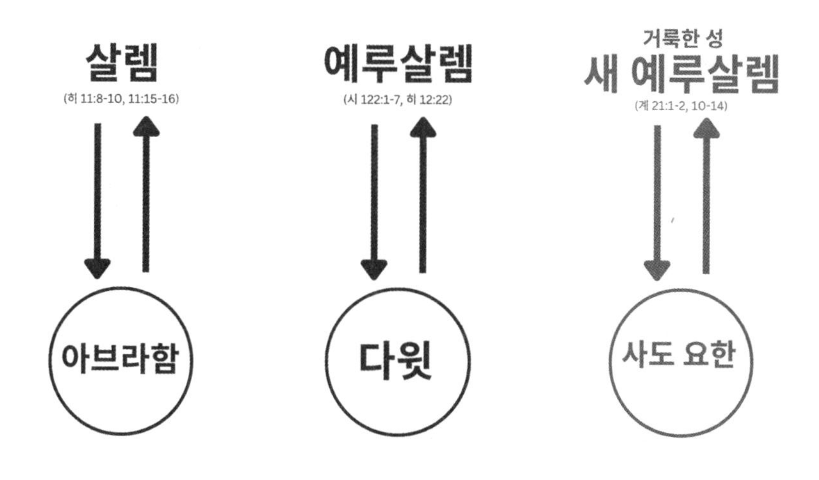

선포하기 하나님이 천지를 창조하시고 인류 역사를 경영하신 최후의 목적지는 새 예루살렘입니다. 새 예루살렘을 바라보며 사는 사람은 하늘의 설계도가 열린 사람입니다. 다 같이 큰 목소리로 세 번 외쳐보겠습니다. **"새 예루살렘을 바라보자!"**

(교사는 모든 성도들이 큰 목소리로 삼창을 할 수 있도록 지도해 주세요.)

복습질문

하늘의 설계도를 본 사람은 어떻게 사는가

1. 하늘의 설계도를 본 사람은 어떤 본능이 생기나요?
   하늘의 설계도를 본 사람은 자신이 본 것을 이 땅에 구축하려는 새로운 본능이 생깁니다. 성경을 읽어도 평소와 다를 것 없이 살아가는 사람들은 하늘의 설계도를 보지 못했기 때문입니다. 하늘의 설계도를 본 사람만이 모세와 사도 바울처럼 예수 그리스도를 이 땅에 구축해 나갈 수 있습니다.

2. 아브라함과 다윗은 하늘의 설계도를 보고 이 땅에 각각 무엇을 지었나요?
   아브라함은 하늘의 성을 보고 이 땅에 '살렘 성'을 지었습니다. 다윗은 똑같은 하늘의 설계도를 보고, 이 땅에 '살렘'에 '예루'를 붙인 '예루살렘' 성을 짓습니다. 하늘의 설계도를 본 사람은 그것을 땅에 끌어내리는 삶을 살게 됩니다.

3. 하늘의 설계도에 대한 완성 계시를 받은 사람이 누구인가요?
사도 요한입니다.

4. 사도 요한이 밧모섬에서 본 완성 계시는 무엇이었나요?
'예루살렘'에 '새'를 붙인 '새 예루살렘'입니다.

5. 하나님이 천지를 창조하시고 인류 역사를 경영하신 최후의 목적지는 어디인가요?
새 예루살렘입니다. 창세기부터 시작된 하나님의 구원 역사 경영은 예수님이 재림하시고 요한계시록 21장의 새 예루살렘이 하늘에서 내려와 땅에서 완전하게 이루어지는 것으로 끝납니다. 하늘의 새 예루살렘이 땅으로 내려오면, 모든 인류 역사는 그것으로 끝나게 됩니다.

나눔질문

Q. 하늘의 설계도를 이 땅에 구축하는 사람을 '사명자'라고 부릅니다. 여러분도 사명자가 되고 싶으신가요? 그러기 위해서는 어떻게 해야 할까요?

(교사는 성도마다 '사명자'가 될 수 있다고 격려해 주세요. 교사는 성도마다 자신들이 하나님을 위해 하고 싶은 일이나 꿈이 무엇인지 나눌 수 있도록 인도해 주세요. 나눔 이후, '사명자'가 되기 위해서는 오직 하늘의 설계도이신 예수 그리스도가 우리의 심령 가운데 깊게 젖어들어야 한다고 설명해 주세요.)

하나님의 일을 감당하는 사명자는 교회 직분자에게만 해당되는 것이 아닙니다. 누구든지 사명자가 될 수 있습니다. 하지만 무슨 일을 하는 어느 사람이든, 하늘의 설계도를 본 사람만이 모세,

사도 바울, 아브라함, 다윗처럼 하늘의 설계도이신 예수 그리스도를 이 땅에 구축해 나갈 수 있습니다. 하늘의 설계도를 본 사람만이 고난 속에서도 포기하지 않을 수 있습니다.

찬송하기 십자가의 전달자 (살아도 주를 위해 죽어도 주를 위해)

기도하기 주님, 하늘의 설계도를 이 땅에 끌어내리는 사명자가 되게 하옵소서, 하늘의 설계도이신 예수 그리스도를 더욱 깊이 알게 하옵소서 (주여 삼창 부르짖고 통성으로 기도합니다)

5과

하늘의 설계도의 완성 계시, 새 예루살렘

찬송하기 236장 우리 모든 수고 끝나

기도하기 주님, 새 예루살렘을 붙잡고 살아가게 하옵소서 (주여 삼창 부르짖고 통성으로 기도합니다)

도표참조 <성경의 원리를 알자> 도표를 펴 봅시다. (교재 뒷장에 도표를 참조하세요.)

복습하기 '4과: 하늘의 설계도를 본 사람은 어떻게 사는가'를 함께 복습해 봅시다.

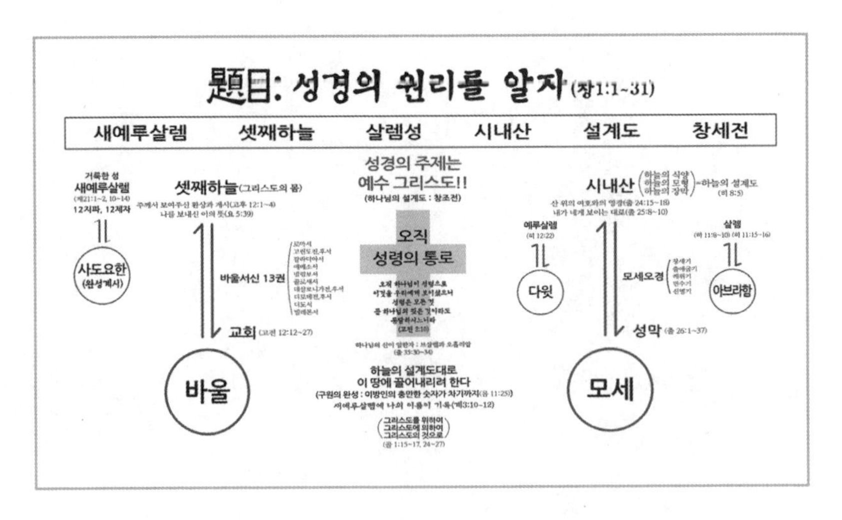

성경읽기 요한계시록 21:10-16

하늘의 설계도는 점진적으로 확대되다가 사도 요한 때 완전하게 열립니다. 이것을 '완성 계시'라고 합니다. 사도 요한이 밧모섬에서 본 완성 계시는 '예루살렘'에 '새'를 붙인 '새 예루살렘'입니다. 창세기부터 시작된 하나님의 구원 역사경영은 요한계시록 21장의 새 예루살렘이 하늘에서 내려와 땅에서 완전하게 이루어지는 것으로 끝납니다. 하늘의 새 예루살렘이 땅으로 내려오면, 모든 인류 역사는 그것으로 끝나게 됩니다. 하나님이 천지를 창조하시고 아담과 하와를 지으시고 인류 역사를 경영하신 최후의 목적지는 바로 새 예루살렘입니다. 모든 것은 새 예루살렘으로 끝나게 되어 있습니다. (교사는 설교집 42쪽, '사도 요한'을 참고해 주세요.)

새 예루살렘

성경읽기 요한계시록 21:10-16

새 예루살렘은 숫자로 구성되어 있습니다. 하늘의 설계도의 완성 계시인 새 예루살렘은 구약의 열두 지파와 신약의 열두 제자로 구성되어 있습니다. 이것이 새 예루살렘을 구성하는 기초석입니다. (교사는 설교집 49쪽, '구약의 열두 지파와 신약의 열두 제자'를 참고해 주세요.)

하늘의 설계도는 창세 전의 일일까요?
창세 후의 일일까요?

성경은 이 질문에 어떻게 대답하느냐에 따라서 열리느냐 마느냐가 결정됩니다. 하늘의 설계도는 창세 전의 일입니다. 하나님은 천지창조 이전부터 이미 설계도를 그려 놓으시고 설계도대로 집행해 나가십니다. 열두 지파가 땅에 생긴 후에 하나님이 설계도를 변경하신 것이 아니라, 하나님의 설계도대로 야곱이 열두 아들을 낳은 것입니다. 열두 제자 역시 땅에 생긴 후에 하나님이 설계도를 변경하신 것이 아니라, 하나님이 하늘에서 열두 제자를 먼저 설계하시고 이 땅에 오셔서 설계도대로 열두 제자를 구성한 것입니다. 모세의 성막, 사도 바울의 교회, 아브라함의 살렘 성, 다윗의 예루살렘, 사도 요한의 새 예루살렘도 동일합니다. 이 세상의 집도 설계도가 완성된 후에 지어지듯이, 모든 성경도 동일한 것입니다. 이 사실을 확실하게 믿어야만 성경이 우리 눈에 보이기 시작합니다. (교사는 설교집 52쪽, '창세 전에 세우신 하늘의 설계도'를 참고해 주세요.)

예정된 구원의 수

성경읽기 로마서 11:25

창세 이전에 하나님의 설계도는 구약시대와 신약시대마다 구원받을 성도의 숫자를 정해 놓았습니다. 사도 바울은 구약성도의 구원이 아직 끝나지 않았다고 말합니다. 7년 대환란이 일어나기 전까지 유대인의 구원은 이방인의 충만한 수가 들어올 때까지 정지되어 있습니다. 이방인의 수가 채워지고 7년 대환란이 시작될 때 이스라엘 나라의 구원은 다시 시작됩니다. 하나님의 설계도에는 유대인의 구원의 수와 이방인의 구원의 수가 이미 정해져 있는 것입니다. 신학적으로, 이것을 칼빈의 '예정론'이라고 말합니다. (교사는 설교집 66쪽, '지상명령'을 참고해 주세요.)

우리의 이름도 새 예루살렘에 있을까요? (계 3:10-12)

새 예루살렘이 구약의 열두 지파와 신약의 열두 제자만으로 되어 있다면 슬플 수밖에 없습니다. 하지만 하나님은 우리의 이름도 하늘의 설계도에 기록해두셨습니다. 앞으로 나타날 구원의 완성인 새 예루살렘에는 열두 지파의 이름과 열두 제자의 이름만 있는 것이 아니라, 우리의 이름도 기록돼 있습니다.

우리의 구원은 창세 전의 일일까요? 창세 후의 일일까요?

하나님은 천지창조 이전부터 이미 설계도를 그려 놓으시고 설계도대로 집행해 나가십니다. 우리의 구원도 동일합니다. 하나님은 창세 전에 우리의 이름과 숫자가 새 예루살렘에 기록하셨습니다. 사람은 자신이 교회로 스스로 걸어 나와 예수 그리스도를 영접하여 구원받은 것이라고 생각하지만, 그렇지 않습니다. 하나님은 창세 전부터 하늘의 설계도 안에 우리의 이름을 기록하시고, 이 땅에 태어나서 누군가의 전도를 받기까지 그 모든 시간을 인도해 오신 것입니다. 이것은 우리의 노력이 아니라 하나님의 전폭적인 주권이자 은혜입니다. 인간이 태어나서 받을 수 있는 가장 큰 축복은 자신의 이름이 새 예루살렘에 기록돼 있는 것입니다. (교사는 설교집 65쪽, '다말'을 참고해 주세요.)

우리의 인생 설계도

성경읽기 골로새서 1:15-17, 24-27

하늘의 설계도이신 예수 그리스도는 만물보다 먼저 계셨습니다. 성경은 모든 만물이 그리스도를 위하여, 그리스도에 의하여, 그리스도의 것으로 창조되었다고 말합니다(골 1:15-17). 우리의 인생도 마찬가지입니다. 예수 그리스도는 이 세상의 설계도이며, 우리의 인생의 설계도입니다.

하나님의 축복은 무엇을 하든지 "그리스도를 위하여, 그리스도에 의하여, 그리스도의 것으로" 세 가지의 키워드 위에 선 자에게 임합니다. 자식을 키울 때도 그리스도를 위하여, 그리스도에 의하여, 그리스도의 것으로 키워야 합니다. 공부를 할 때도 그리스도를 위하여, 그리스도에 의하여, 그리스도의 것으로 공부해야 지혜와 명철함이 풀어집니다. 직장을 다닐 때도 그리스도를 위하여, 그리스도에 의하여, 그리스도의 것으로 일해야 모든 현장이 사역의 장소가 됩니다. 사업을 할 때도 그리스도를 위하여, 그리스도에 의하여, 그리스도의 것으로 해야 하나님이 지경을 넓혀주십니다. (교사는 설교집 51쪽, '하나님의 축복'을 참고해 주세요.)

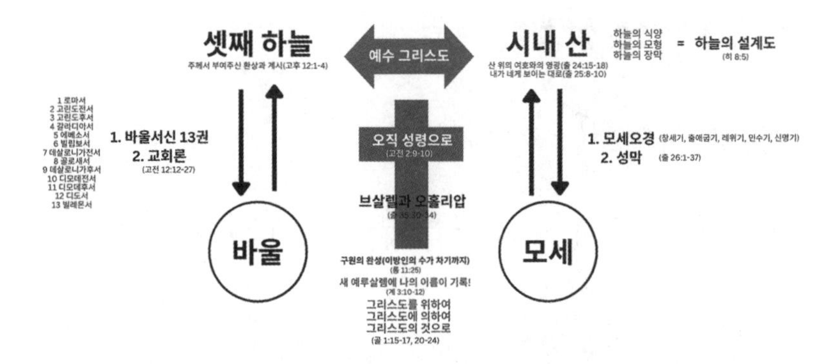

선포하기 예수 그리스도는 이 세상의 설계도이며, 우리 인생의 설계도입니다. 무엇을 하든지 하나님의 축복이 임하기를 원하시나요? 그렇다면 예수 그리스도가 나의 인생의 설계도가 되어야 합니다. 다 같이 큰 목소리로 세 번 외쳐 보겠습니다. **"그리스도를 위하여, 그리스도에 의하여, 그리스도의 것으로!"**

(교사는 모든 성도들이 큰 목소리로 삼창을 할 수 있도록 지도해 주세요.)

복습질문

하늘의 설계도의 완성 계시, 새 예루살렘

1. **하나님이 천지를 창조하시고 인류 역사를 경영하신 최후의 목적지는 어디인가요?**

   새 예루살렘입니다. 창세기부터 시작된 하나님의 구원 역사 경영은 예수님이 재림하시고 요한계시록 21장의 새 예루살렘이 하늘에서 내려와 땅에서 완전하게 이루어지는 것으로 끝납니다. 하늘의 새 예루살렘이 땅으로 내려오면, 모든 인류 역사는 그것으로 끝나게 됩니다.

2. **새 예루살렘은 무엇으로 구성돼 있나요?**

   새 예루살렘은 숫자로 구성되어 있습니다. 하늘의 설계도의 완성 계시인 새 예루살렘은 구약의 열두 지파와 신약의 열두 제자로 구성되어 있습니다. 이것이 새 예루살렘을 구성하는 기초석입니다.

3. 새 예루살렘은 창세 전의 일일까요? 창세 후의 일일까요?

하늘의 설계도는 창세 전의 일입니다. 하나님은 천지창조 이전부터 이미 설계도를 그려 놓으시고 설계도대로 집행해 나가십니다.

4. 우리의 구원은 창세 전의 일일까요? 창세 후의 일일까요?

하나님은 창세 전에 우리의 이름과 숫자가 새 예루살렘에 기록하셨습니다. 사람은 자신이 교회로 스스로 걸어 나와 예수 그리스도를 영접하여 구원받은 것이라고 생각하지만, 그렇지 않습니다. 하나님은 창세 전부터 하늘의 설계도 안에 우리의 이름을 기록하시고, 이 땅에 태어나서 누군가의 전도를 받기까지 그 모든 시간을 인도해 오신 것입니다. 이것은 우리의 노력이 아니라 하나님의 전폭적인 주권이자 은혜입니다. 인간이 태어나서 받을 수 있는 가장 큰 축복은 자신의 이름이 새 예루살렘에 기록돼 있는 것입니다.

5. 하나님이 원하시는 우리의 인생 설계도는 무엇인가요?

창세 전부터 우리를 향한 하나님의 설계도는 만물보다 먼저 계신 예수 그리스도입니다. 우리의 인생 설계도는 예수 그리스도가 되어야 합니다. 모든 인생이 "그리스도를 위하여, 그리스도에 의하여, 그리스도의 것"으로 살아가는 것이 하나님의 설계도입니다.

나눔질문

Q. 그동안 여러분의 인생 설계도는 무엇이었나요? 공부, 사업, 사역 등 무엇을 위해 했나요?

(교사는 성도마다 솔직하게 나눌 수 있도록 인도합니다. 이때 교사가 먼저 자신의 간증을 나눠주는 것도 좋습니다. 다만, 성도들이 충분히 나눌 수 있도록 교사의 나눔은 되도록 짧게 해주세요. 성도들이 나눈 후, 추가적인 질문으로 나눔을 이어가도 좋습니다. 예를 들면, 인간 중심적인 인생 설계도로 살아갈 때 어떤 어려움들이 있었나요?)

Q. 앞으로 여러분의 인생 설계도를 무엇으로 삼아야 할까요? 구체적으로 결단해 봅시다.

(교사는 성도들에게 우리의 유일한 인생 설계도는 예수 그리스도임을 결단하게 해 주세요. 이때 이를 어떻게 실천할 것인지 구체적인 삶의 결단을 적도록 하고, 한 명씩 나누게 해 주세요.)

우리의 인생 설계도는 무엇을 하든지 "그리스도를 위하여, 그리스도에 의하여, 그리스도의 것으로" 세 가지의 키워드 위에 서는 것입니다. 공부를 할 때도, 직장을 다닐 때도, 사업을 할 때도, 사역과 봉사를 할 때도 모두 그리스도를 위하여, 그리스도에 의하여, 그리스도의 것으로 해야 합니다. 이를 위해서는, 하늘의 설계도인 예수 그리스도가 우리 삶의 중심이 되는 훈련을 해야 합니다. 예배를 결단해야 합니다. 기도의 시간을 결단해야 합니다. 성경을 읽는 것을 결단해야 합니다. 원수를 용서하기로 결단해야 합니다. 영적 지도자(목사님)에게 순종해야 합니다. 우리의 인생 설계도가 예수 그리스도가 될 때 비로소 삶의 모든 부분에 변화와 회복과 축복이 일어납니다. 그 주인공이 저와 여러분이 되기를 바랍니다.

찬송하기 살아계신 주

기도하기 주님, 내 인생의 설계도를 예수 그리스도를 정합니다, 예수 그리스도를 위하여, 예수 그리스도에 의하여, 예수 그리스도의 것으로 살겠습니다 (주여 삼창 부르짖고 통성으로 기도합니다)

결론

성경의 원리를 알자

찬송하기 살아계신 주

기도하기 주님, 성경의 원리를 알게 하심에 감사드립니다 (주여 삼창 부르짖고 통성으로 기도합니다)

정리하기 <성경의 원리를 알자>를 정리해 봅시다. 아래 도표의 빈칸을 채워 보세요. (교대 뒷장에 도표를 참조하세요.)

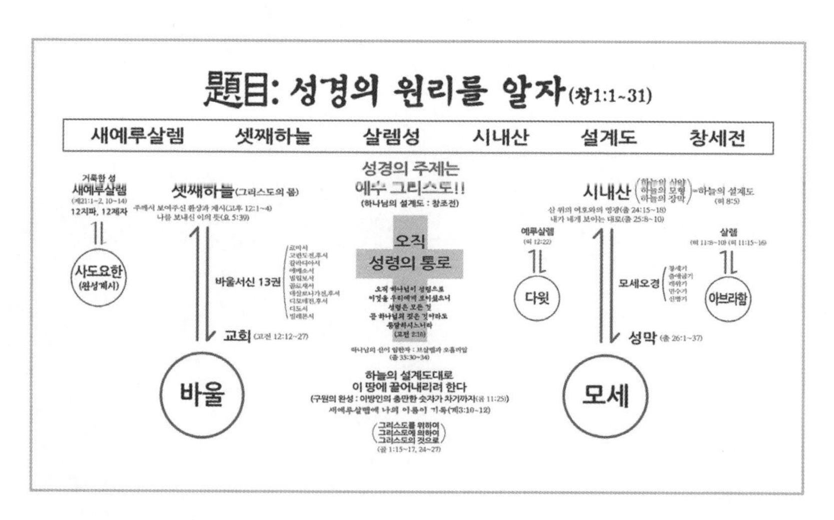

(교사는 성도들이 <성경의 원리를 알자>의 내용을 정확하게 파악했는지 확인해 주세요. 부연 설명이 필요하다면, 설명해 주세요.)

적용하기 <성경의 원리를 알자>에서 배운 내용을 토대로, 아래 빈칸을 채워보세요.

‘성경은 ＿＿＿＿＿ 가 쓰고 ＿＿＿＿＿ 이 해석한 것이다.’

(답: 모세, 바울)

나눔하기 <성경의 원리를 알자>를 배우면서 삶에 일어난 변화들에 대해 한 명씩 돌아가면서 나눠 보세요.
(교사는 성도들이 나누는데 부담스럽지 않을 수 있도록, 먼저 짧게 나눠 주세요.)

찬송하기 나 주님의 기쁨 되기 원하네

기도하기 (서로의 기도 제목을 나누고, 주여 삼창 부르짖고 통성으로 기도합니다)

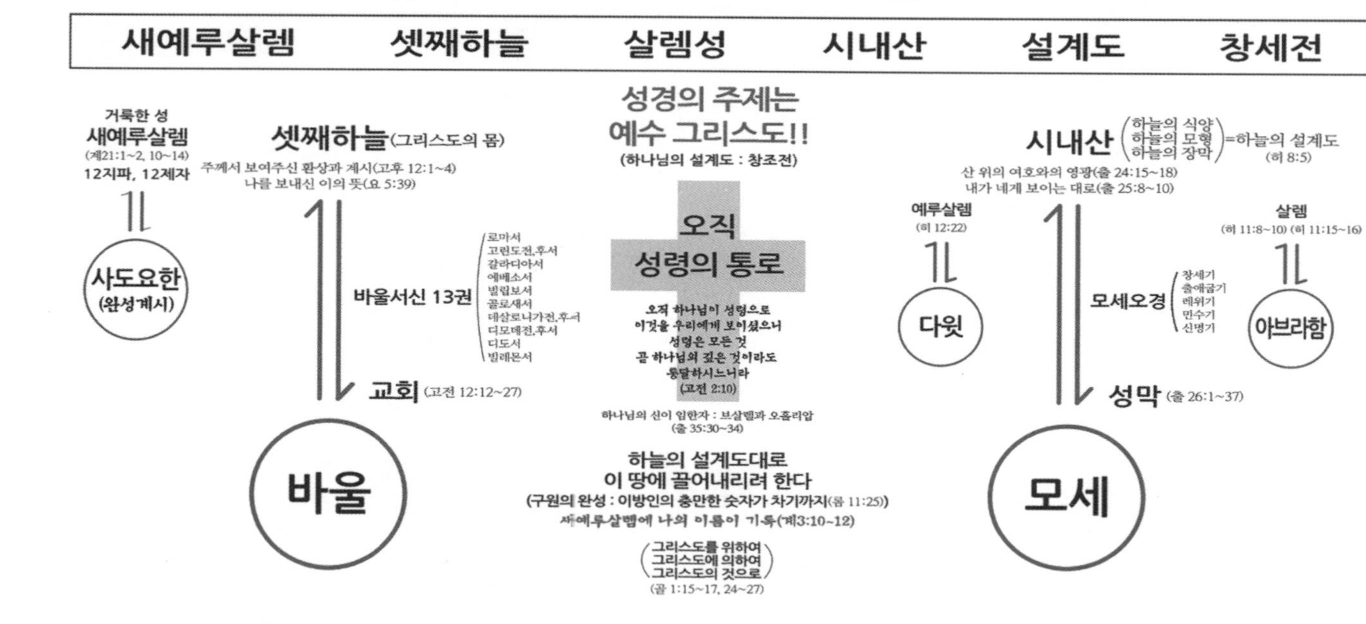
題目: 성경의 원리를 알자(창1:1~31)
새예루살렘
셋째하늘
살렘성
시내산
설계도
창세전
거룩한 성
새예루살렘
(계21:1~2, 10~14)
12지파, 12제자
사도요한
(완성계시)
셋째하늘(그리스도의 몸)
주께서 보여주신 환상과 계시(고후 12:1~4)
나를 보내신 이의 뜻(요 5:39)
바울서신 13권
로마서
고린도전,후서
갈라디아서
에베소서
빌립보서
골로새서
데살로니가전,후서
디모데전,후서
디도서
빌레몬서
교회 (고전 12:12~27)
바울
성경의 주제는
예수 그리스도!!
(하나님의 설계도 : 창조전)
오직
성령의 통로
오직 하나님이 성령으로
이것을 우리에게 보이셨으니
성령은 모든 것
곧 하나님의 깊은 것이라도
통달하시느니라
(고전 2:10)
하나님의 신이 임한자 : 브살렐과 오홀리압
(출 35:30~34)
하늘의 설계도대로
이 땅에 끌어내리려 한다
(구원의 완성 : 이방인의 충만한 숫자가 차기까지(롬 11:25))
새예루살렘에 나의 이름이 기록(계3:10~12)
그리스도를 위하여
그리스도에 의하여
그리스도의 것으로
(골 1:15~17, 24~27)
시내산
하늘의 식양
하늘의 모형
하늘의 장막
=하늘의 설계도
(히 8:5)
산 위의 여호와의 영광(출 24:15~18)
내가 네게 보이는 대로(출 25:8~10)
예루살렘
(히 12:22)
다윗
모세오경
창세기
출애굽기
레위기
민수기
신명기
성막 (출 26:1~37)
모세
살렘
(히 11:8~10) (히 11:15~16)
아브라함

題目: 성경의 원리를 알자(창1:1~31)

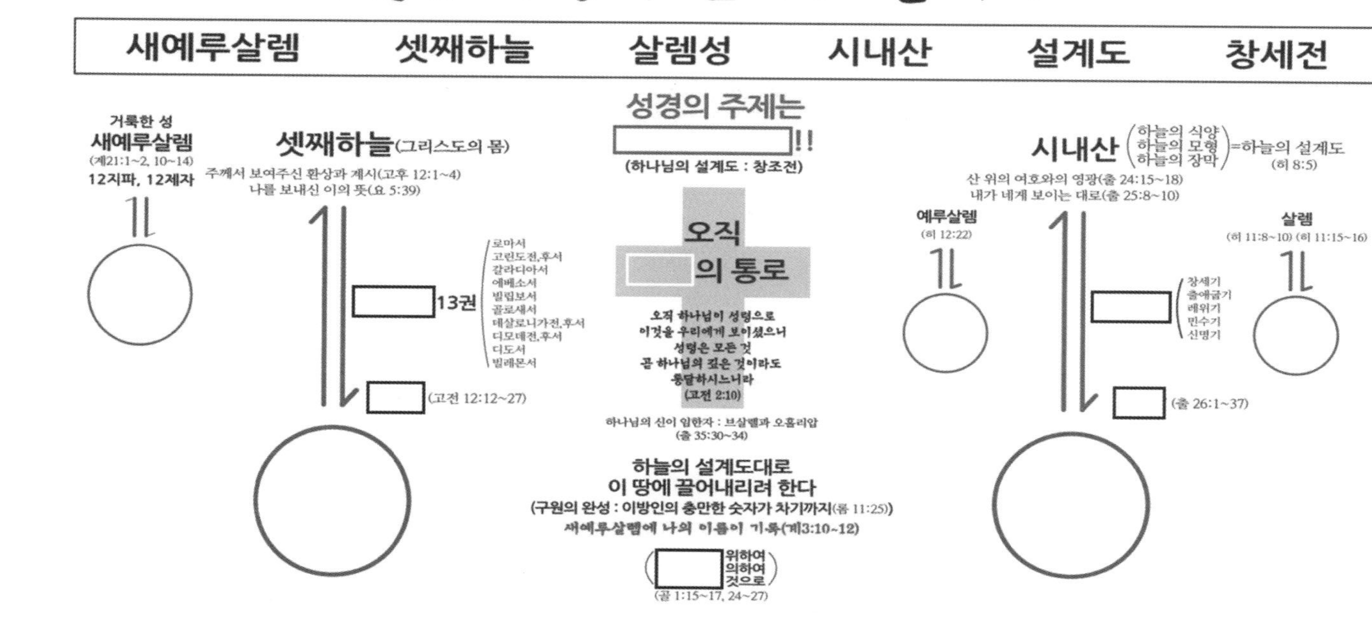

맺는 말

이제 여러분은 <성경의 원리를 알자>를 통하여 위대한 출발을 시작하게 되었습니다. 앞으로 진행되는 과정들을 통하여 영적 세계와 성경이 활짝 열리기를 바랍니다. 이제부터 여러분에게는 과거의 살았던 삶과 전혀 다른 삶이 이루어질 것입니다. 여러분의 속에 와 계시는 예수 그리스도가 반드시 여러분을 모든 분야에서 성공시킬 것입니다. 앞으로 진행되는 과정 속에서 의문과 질문도 있을 수 있고, 원수 마귀의 시험도 있을 수 있으나, 두려워하지 마십시오. 여러분을 위하여 모든 것이 준비되어 있습니다. 여러분의 지도자의 인도를 잘 받아 위대한 하나님의 사람이 되어주시기를 바랍니다! 여러분 한 사람이 변화됨으로 가정이 변화될 것이고, 사회가 변화될 것이고, 대한민국이 변화될 것이며, 전세계의 인류가 변화될 것입니다. 예수 그리스도 안에는 모든 것의 비밀이 숨어 있습니다. 하나 하나씩 알아가는 기쁨이 충만하시기를 바랍니다. 앞으로 여러분의 삶을 통해 나타날 새 일들을 기대하며 축복합니다!

전광훈 목사 드림

전광훈 목사 성경공부 시리즈 04

성경의 원리를 알자(교사용)

초판 발행 2024년 12월 20일

지은이 전광훈
편집 전에녹, 양메리
펴낸곳 주식회사 뉴퓨리턴

주소 서울특별시 성북구 장위로 40다길 19, 1층 106호(장위동)
대표전화 070-7432-6248
팩스 02-6280-6314
출판등록 제25100-2023-043호
이메일 info@newpuritan.kr

ISBN 979-11-989751-8-8(03230)